Rudi Henkel

Meenzer Weihnacht

„Es war wie im Himmel, nur halt ebe in Meenz"

LEINPFAD
VERLAG

Für Helga.

© Leinpfad Verlag
November 2019 – Vierte Auflage

Umschlag: kosa-design, Ingelheim
Layout: Leinpfad Verlag, Ingelheim
Illustrationen: Rudi Henkel
Druck: wolf print, Ingelheim

Leinpfad Verlag, Leinpfad 5, 55218 Ingelheim,
Tel. 06132/8369, Fax: 896951
E-Mail: info@leinpfadverlag.de
www.leinpfad-verlag.de

ISBN 978-3-937782-53-9

Inhaltsverzeichnis

Vorwort
von Peter Krawietz

Ein Buch über Weihnachten für die Weihnachtszeit ist auch heutzutage noch sehr beliebt und weckt höchste Faszination bei Jung und Alt. Freilich läuft manch ein Weihnachtsbuchautor Gefahr, sich im Rausch sozialer Empfindungen oder im süßlichen Kinderkitsch zu verlieren, etwa in der Art, die Goethe am 18. Dezember 1818 so niedergeschrieben hat: „Der Winter ist den Kindern hold, / Die jüngsten sind's gewohnt. / Ein Engel kommt, die Flüglein Gold, / Der guten Kindern lohnt." Nun ist Weihnachten ja nicht nur für die Kinder da, sondern auch für erwachsene Mainzer.

Das vorliegende Bändchen entgeht schon deshalb den beschriebenen Gefahren, weil es von der Weihnacht in Mainz handelt, einer Stadt nämlich, die Herzlichkeit verkörpert, nicht Schnulze und Schmalz. Und wenn der Untertitel suggeriert, dass der Himmel wie Mainz ist oder auch umgekehrt, dann deutet sich damit lediglich an, dass Humor und selbstbewusster Mainzer Lokalpatriotismus zwei von vielen Qualitätsmerkmalen von Rudi Henkels literarischer Arbeit sind.

Denn charakteristisch für diesen Mainzer ist – das kennen wir von früheren Büchern und von vielen Vorträgen aus der Bütt – die Gleichzeitigkeit von geistreicher Aussage und Dialekt, von Treffsicherheit und leisen Tönen, von Humor und Humanitas, von Gesellschaftskritik und Besinnlichkeit.

Selbstverständlich spielt die Fastnacht in verschiedensten Erscheinungsformen eine Rolle, natürlich nicht mit Dschingderassabum, sondern mit der stillen

Freude, die für Rudi Henkel so typisch und die – wie wir lesen werden – durchaus auch gottgefällig ist. Dabei fehlt es überhaupt nicht an kritischen Bemerkungen zu Phänomenen der früheren und der gegenwärtigen Gesellschaftsordnung sowie an dem ewig andauernden Spannungsverhältnis zwischen männlicher und weiblicher Denkart, aber das Karikieren von Klischees geschieht ohne boshafte Schärfe, die ohnehin keine Chance hätte, da nicht nur die auftretenden Figuren, sondern der Autor und Erzähler selbst in dem alles abmildernden Ur- Mainzer Idiom zu Hause sind.

Selbst in der nüchternen Beschreibung einer Schlittenfahrt sorgt der Gebrauch der früher üblichen dialektalen Fachbegriffe für die notwendige positive Emotionalität. Und die etymologische Durchdringung der Mainzer Mentalität und Sprache weist darauf hin, wie nahe Weihnacht und Fastnacht zeitlich beieinander liegen. Die inhaltlichen Berührungspunkte, die der Weihnacht und der Fastnacht eigen sind, muss der Autor nicht künstlich konstruieren, er entdeckt und präsentiert sie in charmanter Poesie und sympathischer Prosa.

Dem Verlag schulden wir Dank für seine regionale Orientierung, die dieses „Meenzer" Weihnachtsbuch ermöglicht. Diesem wiederum ist eine weite Verbreitung in Mainz und weit darüber hinaus zu wünschen.

Die Madame aus Dijon

Es geschah in der Christmett, von der ich bericht.
Im Dom stand wie immer es Volk dicht an dicht,
auch solche, die sonst nit so fromm war'n im Jahr,
auch die stande rum, weil halt Weihnachte war.

De Domchor, den konnt mer vom Westchor her hör'n.
Er is unser Stolz, den wir Meenzer verehr'n,
und dann unser Bischof, den gilt's zu erlebe,
Kardinal is er gar, des is es ja ebe.

Was e Christmett seit Jahr'n so erlebnisreich macht,
wenn die Glocke erklinge in der Heiligen Nacht,
dann rafft mer sich uff, vom Gebimmel entzückt,
selbst wenn ääm es Gänsje im Mage noch drückt.

Alumne, die stande in Reih un in Glied,
sah'n aus wie die Engel, die uff Bildern mer sieht,
in weiße Gewändern, im Chor rechts alläns.
Es war wie im Himmel, nur halt ebe in Meenz.

Ään Nachteil is leider, mer sieht se nur dann,
wenn nit so en Lange sich schiebt dann un wann
genau vor ääm hin, was leicht kann passier'n:
Dann derf mer wääß Gott die Geduld nit verliern.

Mer drängelt e bissje un schiebt en beiseit.
Nur macht mer des langsam, sonst schenne die Leit.
Un noch ebbes möcht nebebei ich hier sage,
die Peiler, die hoch in's Gewölbe nei rage,

aach sie könne stör'n, was sicher ihr kennt.
Dann guckt mer uff Stää, gege nackige Wänd.
Voll Weihrauch erfüllt war die Luft runderum,
was oft nit vertrage werd, denn guckt mer sich um,

dann sieht mer Gesichter, die gelb wer'n im Nu –
zur Christmett im Dom gehört's halt ehe dezu:
Denn Weihnachte lässt sich die Kerch niemals lumpe,
es werd Weihrauch verbraucht in riesige Klumpe!

Des Zeig is zwar deier, doch was is schon debei,
die Kollekte im Körbche holt's bestimmt wieder rei.
Wie immer war'n viele Bekannte gekomme.
Mer sah manche Heuchler, aach zwischedorch Fromme.

Erstaunlich aach viele, die Ausländer war'n;
sie kame weit her, kame extra gefahr'n.
Selbst Wiesbadener sah mer, was bemerkenswert war.
Da kenne se Meenz – wenigstens äämal im Jahr.

Es brannte die Kerze, die Orgel erklang,
de Domchor fiel ei mit festlichem Sang.
De Bischof stand da mit Mitra un Stab,
als er dann am End de Sege noch gab.

Und dann kam de Auszug, der wurd zelebriert.
De Domschweizer vorne hat de Zug angeführt,
en wichtige Mann, Hellebard in de Hand,
so wie ihn einst Bischof Colmar erfand.

Kää Wunner, der Colmar als Wackes, ihr wisst,
hat, als er in Meenz war, die Ordnung vermisst
un brauchte als Schutzmacht Gardiste im Dom
genau wie die Päpste sie hatte in Rom.

En Zweispitz, der quer sitzt, ist seitdem hier Brauch,
e riesegroß Schärp sitzt schräg üwwerm Bauch.
So kimmt er daher als Erster allääns,
de Uffstumper vom Bischof bei uns hier in Meenz.

Ääns muss mer ja sage, die Kerch wääß wie's geht!
Respektvoll hat mancher die Aage verdreht,
als sie dann erschiene, vom Klerus die Herrn,
dass selbst Komiteeter könnte neidisch druff wer'n.

Des is en Genuss, den mer sonst kaum erlebt,
der wirklich die Herzen zum Himmel erhebt.
Dann säät mer im Stille meist leis vor sich hin:
„E Glück, dass ich in Meenz uff die Welt komme bin!"

Als dann die Eskort dorch de Dom is marschiert,
hat plötzlich e Fraa uff französisch parliert,
ging korzerhand uff de Domschweizer zu:
„Monsieur Napoleon! Français, parlez-vous?»

„Ich hääß nit Napoleon, so derft Er nit denke,
aach wenn ich als Erster den Umzug hier lenke.
Wenn heit ebbes schief geht, dann krieh ich ään druff,
jetzt geht aus 'em Weg, Sie halte uns uff!"

Respektvoll hat druff sie de Weg freigemacht,
die Orgel erfüllte die Heilige Nacht.
Doch als dann de Bischof in de Näh von ihr stand,
da schnappt doch des Mensch seine segnende Hand.

De Domschweizer machtlos, die Domherren aach,
dann hörten sie Worte, die zum Bischof sie sprach:
„Monsieur Kardinal!", so rief sie ihm zu,
„joyeux Noël, frohe Weihnacht, pour vous!"

De Bischof hat trotzdem die Fassung bewahrt –
so kenne mer ihn, des is halt sei Art –
un säät, als sie gar in die Knie vor ihm sank:
„Merci, chère Madame, habt herzlichen Dank."

Was war se so glücklich, wie war se entzückt
fer so e Audienz, die me Meenzer kaum glückt.
Sie ging aus em Dom, war Feier un Flamm
un schwärmt von de Christmett, aus Dijon die Madame.

'S Rauchfass

E Weihrauchfass kennt ganz gewiss
jeder, der katholisch is.
Doch auch bestimmt dem Protestant
is so e Weihrauchfass bekannt.

Mer braucht's an hohe Feiertage,
an Weihnachte, ganz ohne Frage,
weil es die Kerch in Newwel hüllt
un mit des Himmels Duft erfüllt.

Es geschah vor viele Jahr,
un weil es Weihnachte grad war,
wurd wieder mal, wie sich's gebührt
e festlich Hochamt zelebriert.

Debei, des muss ich hier berichte,
zoge ein mit Kerzenlichte
die Messdiener, die klääne Biddel,
in ihre bunte Festtagskittel.

Dehinner kam dann uffmarschiert
en Größere, der mitgeführt
's Weihrauchfass, das ohne Frag,
dezugehört an so me Dag.

Geschwunge wird es her und hin,
damit die Kohle inne drin
stets bleibt in Glut, damit sich dann
de Weihrauch aach entzünde kann.

Un so is jedem es erklärlich,
dass so e Rauchfass sehr gefährlich,
denn, wenn's in falsche Händ gerät,
de Kittel schnell in Flamme steht.

Dann ganz zum Schluss, mer kann es ahne,
eingerahmt von viele Fahne
erschien de Parrer, fromm begleit,
von Diakone an de Seit.

Die Orschel gab ihr Allerbestes
zum Höhepunkt des Weihnachtsfestes.
Zwar ginge manche Tön denebe
so is es in me Dorf halt ebe.

Doch niemand hat des irritiert,
als Stille Nacht mer intoniert,
bis dann der Zug am Hochaltar
schließlich voll versammelt war.

Es war'n so mindstens 30 Leit,
die fer des Hochamt nun bereit.
Sie stande feierlich un stumm
uff me große Teppich rum,

den en Mäzen hatt einst gespendt
un nur ganz selten wurd verwendt,
ääns-, zwäämal nur im ganze Jahr
weil kostbar er un deier war.

Dann fing se an, die Weihnachtsmess.
Doch halt, bevor ich es vergess:
De Parrer stand zu jener Zeit
noch mit dem Rücke zu de Leit.

Un hinner ihm, im Rund des Chores,
die Messdiener, des klääne Zores,
in bunte Kittel, brav un stumm,
sie kniete uff em Teppich rum.

Stolz stand en Lackel in de Mitt,
wart uff sein Einsatz wie es Sitt
un schwenkt es Rauchfass hie un her,
als obs en Perpendikel wär.

Es Weihrauchschiffche in de Händ
stand nebe ihm sein Assistent,
nur zu dem Zweck, um dann un wann
Körner zu lege uff die Pann.

Mer kann sage, was mer will,
e Rauchfass is fast wie en Grill.
Als Unnerschied hat mer erforscht,
Weihrauch derf brenne, doch niemals e Worscht.

Es Hochamt zog sich in die Läng
mit Gebete un Gesäng,
mal uffstehe, mal in die Knie,
wie se halt is, die Liturgie.

Bis dahin lief es wie schon immer,
bei Chorgebete, Kerzeschimmer.
Doch als die Mess war fast vorbei,
fiel dem Schwenker ebbes ei.

Langweilig war's dem große Lackel
immer Hie-und-Her-Gewackel.
Wie war's, wenn's Fässjc an der Kett
e bissje Abwechslung mal hätt .

Ich lass, dacht er, des Räucherdippe
an seiner Kett mal richtig hippe.
Des wär doch mal en neie Trick
un schon hört mer e Klick-Klack-Klick.

Um den Vorgang zu erläutern:
Mer zieht am höchste Punkt beim Schleudern
ruckartig korz am Haltering,
dann macht's klick-klack – schon hippt des Ding.

Es geht noch besser, denkt der Lackel,
un ohne allzu lang Gefackel
erhöht er die Geschwindigkeit.
'S Unglück war jetzt nit mehr weit.

Vom Rauchfass spielt es Deckelche
jetzt dorch den Schwung Verreckelche,
wodurch die Kohl in hohem Boge
wie en Komet devongefloge.

De deire Deppich war ihr Ziel
als Landeplatz beim Klick-Klack-Spiel
un kaum war sie gelandt am End
hat aach de Deppich schon gebrennt.

De Parrer, grad beim Schlussgebet
hat sich verwunnert umgedreht
und hat erschrocke registriert
was hinner ihm is grad passiert.

E Wolk stieg uff, es hat gestunke.
Dezwische in de Feierfunke
mer uff dem Deppisch hippe sah,
de Lackel, der Verzweiflung nah.

Jetzt nur kää Panik, dacht fer sich
der Organist am Orscheltisch,
un stimmt e Lied zum Singe ei:
„Lasst uns froh und munter sei!"

Doch kääner wollt des Liedche singe,
niemand konnt en Ton rausbringe,
weil des Entsetze riesegroß.
So ging aach des noch in die Hos.

De Küster sah zum Glück die Flamme,
nahm uff de Stell sein Mut zusamme,
rennt korzerhand zur Sakristei
un holt en Feierlöscher bei.

Wenns drauße aach nit hat geschneit
im Chor, da war es jetzt so weit.
De Deppich lag in Schnee gehüllt –
ein wunderschönes Weihnachtsbild.

De Parrer wollt zum Schluss noch segne,
Weihwasser sollt uff alle regne,
dezu braucht er es Rauchfass aach,
en gute Sege braucht aach Raach.

Doch mit dem Newwel war's jetzt nix,
denn leer war Lackels Weihrauchbüchs,
un wer den Parrer hat betracht,
der wusst, bald hat es jetzt gekracht.

Kaum warn se in de Sakristei,
de Parrer rieft de Lackel bei:
„Du Biddel", säät er, „komm mal her,
bei mir kriehst du kää Rauchfass mehr!"

„Un merk der ääns, was ich dir sage:
Die Koste muss dein Vadder trage!"
Dann hat es ferchterlich geschallt,
als er dem Lackel ää geknallt.

Als der dehääm war angekomme
hat ihn sein Vadder vorgenomme.
Es gab e richtig Prügelei,
mit'm Weihnachtsfriede war's vorbei.

Wer mich jetzt fragt zum gute End,
wer diesen Lackel hat gekennt.
Es interessiert eich sicherlich:
Der mit dem Rauchfass – des war ich.

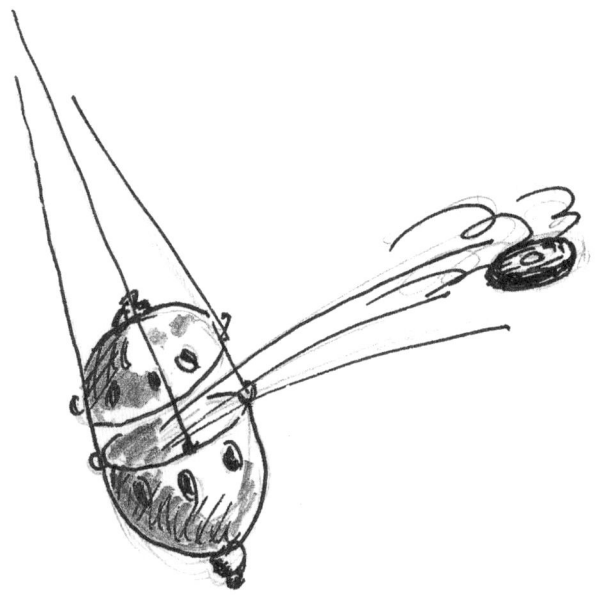

Die Trompet

Weihnachte is was Besondres im Jahr,
ein Fest voll Romantik, wie's immer schon war.
Un mancherorts hört mer Trompete erklinge,
die hoch von de Kerche e Weihnachtslied bringe.

Trompete zu blase war früher hier schon
besonders in Quintin e alt Tradition.
Wobei dort de Küster, um den sich's hier dreht,
vom Turm hat geblase mit seiner Trompet.

Er war werklich en Könner, wie mer selten ään kennt,
konnt blase voll Inbrunst uff sei'm Instrument,
denn Musiker war er, des wusste die Leit,
im Theater in Meenz in früherer Zeit.

Jetzt war er schunn alt, doch sei Mängel, die klääne,
die durft mer, wääß Gott, bei ihm nie erwähne.
Die Trompet war sei alles, wusst jeder in Meenz,
sein Stolz war es Blase vom Kerchturm allääns.

Des ging viele Jahre, ganz ohne Probleme.
Mer wollt aach kään annern als Ersatz fer ihn nehme,
obwohl mer gewusst hat, wie dann es wohl wär,
wenn er nit mehr könnt, un es gäb ihn nit mehr.

Franz hat er gehääße, der alte Trompeter.
In de Kneipe der Stadt da kannte ihn jeder.
Sei Stammkneip jedoch, wo er Skat aach gespielt,
war de „Flehlappe" stets, wo er dehääm sich gefühlt.

Als es wieder mal korz vor Weihnachte war,
hat de Parrer gefragt ihn, ob alles sei klar.
Da säät doch de Franz, so ganz nebebei:
„Herr Parrer, 's is Schluss mit der ganz Blaserei."

„Warum, lieber Franz," frägt de Parrer voll Schreck,
„warum stellst de plötzlich die Trompet in die Eck?"
„Herr Parrer", säät der, „ich hab e Malheur
mir fehle die Zähn, da klappt 's Blase nit mehr."

„Un wenn ich dran denk, was Gebisse so koste,
dann kann in de Wertschaft ich wochelang proste.
Ich kau uff de Felge, des geht noch ganz gut,
doch zum Blase reicht's nit, so leid es mir tut!"

„Mer finne e Lösung", säät de Parrer voll Schreck,
„sonst fällt ja zur Mette des Trumblase weg
Bei der nächste Kollekte da sag ich wie's is:
Mer brauche paar Spender fer dem Franz sei Gebiss!"

So is es geschehe, un hoch von de Kanzel
rief de Parrer von Quintin: „Gebt Geld fer de Franzel."
Es Körbche war voll, es wurd reichlich gespendt,
damit Franz an de Christmett vom Turm blase könnt.

Der ging zum Dentist, wie es früher mal hieß,
wo er sich's Gebiss fer sei Schnud mache ließ.
Er konnt demit kaue, was hatt er e Freid,
selbst blase konnt er, wie in früherer Zeit.

Un glücklich übt er dehääm bei sei'm Gretche
mit e'm neie Gebiss uff sei'm alte Trompetche.
De Parrer säät freudig: „Jetzt is es kää Frag:
Die Weihnacht kann komme, die Christmette aach."

Es Fest is gekomme, mer war sich gewiss:
Heit Nacht bläst de Franz mit sei'm neie Gebiss.
Die Gasse war'n, voll trotz eisigem Wind,
un jeder erwart, dass de Franz nun beginnt.

Doch nix war zu hör'n. Die Leit uff de Gass,
die riefe zum Turm: „Wann hör'n mer jetzt was?
Wo is en de Franz? Des is doch Beschiss!
Der sollt doch jetzt blase mit sei'm neie Gebiss!"

Erbost hat de Parrer de Franz beizitiert:
„Warum bläst du heit nit? Du hast mich blamiert!
Wo hast'en dei Zähn? Jetzt guck nit so blöd,
geh hääm, hol's Gebiss un blas die Trompet!"

„Herr Parrer", säät Franz, „des dät ich ja gern,
doch leider muss uff mein Dokter ich hör'n.
Am Dag kann ich blase, so wie ehedem,
doch in de Nacht, muss mer wisse, da gibt's e Problem.

Der Maulschlosser hat mir ausdrücklich befohle,
bei Nacht die Prothes aus'em Schnawwel zu hole,
un hat aach gesagt, des seh'n Se doch ei,
leg nachts dei Gebiss in e Wasserglas nei!"

„Mach's, wann de's willst, doch bitte nit heit",
hat de Parrer gesagt, „es warte die Leit."
Kää Zuredde half, de Franz blieb debei,
un damit war Schluss mit de Turmbläserei.

Die's später probiert, war'n nit zu vergleiche.
Die konnte dem Franz es Wasser nit reiche.
Drum gab mer es uff, wie geschriwwe es steht,
denn kääner konnt blase wie er die Trompet.

'S Krüppelbäumche

Es war in Meenz vor viele Jahr
am Heiligabend Morje.
De Schambes, wie's schon immer war,
hatt wieder nix wie Sorje.

En arme Deiwel war er halt.
Hatt uff em Rhoi en Nache,
sei Wohnung, die war nass un kalt,
es war kään Staat zu mache

mit Küch un Stubb, grad Platz fer's Bett,
im Kerschgaade ganz hinne,
lebt er mit seiner Fraa, der Sett.
Nix anners war zu finne.

En Christbaum hatt er sich besorgt,
en klitzekläne Krüppel.
De Ständer, der war ausgeborgt
vom alte Käthche Wippel.

Die Kerze war'n vom letzte Jahr,
es war'n nur kläne Stumpe.
Nur ebbes fehlt, des waar ihm klar,
wo konnt er des noch pumpe?

De Christbaumschmuck, die schönste Zier,
wo konnt er den noch leihe?
Der Abend kam. Vor seiner Tür
fing's ziemlich an zu schneie.

„Bleib nur dehääm", so säät sei Sett,
„jetzt werst de nix mer finne,
vielleicht noch höchstens unnerm Bett,
im klääne Kaste hinne.

Wenn da nix is, dann wääß ich nit,
wo mer noch ebbes krieje.
Die Orden von de Fassenacht,
die müsste aach dort lieje."

De Schambes macht de Kaste uff,
voll Kordele un Kettcher,
un im Geworschtel owwedruff
lieh'n Orden un Plakettcher.

Kää Christbaumkugel weit un breit,
nix konnt er dort erblicke,
debei war's jetzt schon höchste Zeit,
des Krüppelche zu schmücke.

Da kam ihm plötzlich e Idee,
en Geistesblitz am Ende:
„Sag, Settche, wär des nit mal schee,
die Orden zu verwende?

Ich häng se all an's Bäumche dran,
die Orden un Plakettcher,
dann stecke mer die Kerze an,
dann strahle se, die Kettcher.

Die Kordele wer'n aach verwendt,
des gibt e Augenweide!
Wart ab, wenn erst des Bäumche brennt,
die Leit wer'n uns beneide!"

Gesagt, getan. Er hängt se uff,
die Fastnachtsorden alle,
un säät zur Sett: „Verlass dich druff,
der Baum wird uns gefalle!"

Da steht er da, der Krüppelbaum,
erstrahlt im Kerzenlichte.
Die Tür geht uff, es steht im Raum
von seiner Fraa die Nichte.

E Jungfrau war's, e alt Schardeek,
die stets zur Kerch musst renne,
Nach Ignaz war se uff em Weg,
schon fing se an zu schenne:

„Ihr Lumbezores, Dreckbagaasch,
ich werd's em Parrer sage,
des is doch werklich e Blamaasch,
an Weihnachte zu wage,

en Christbaum, was e Blasphemie,
mit Ordenskram zu schmücke!
Sofort renn ich zum Parrer hie,
der werd eich was verdrücke!"

Die Tür flog zu, es hat geknallt,
un mitte in dem Trubel
der Mainzer Glockenruf erschallt,
sie fielen ein mit Jubel.

Die Kerche all in weiter Rund,
es war ein froh Gebimmel,
und alle gaben damit kund:
Wir loben Gott im Himmel.

Da säät des Settche ganz bedrückt:
„Wenn's kääner glaabt, ich wääß es
aach: Wenn mit Orden wir geschmückt,
mer wollte doch nix Böses!"

Uff äämal wurd die Stubb ganz hell,
e Stimm fing an zu redde.
Sie fielen uff die Knie ganz schnell,
de Schambes un die Sette.

„Habt keine Angst in dieser Nacht
nur wegen der paar Orden!
Auch damit habt ihr Freud gemacht
dem, der heut Mensch geworden.

Das Christkind hat sich sehr gefreut",
hör'n sie die Stimme sprechen,
„der Schmuck an einem Tag wie heut
ist längst nicht ein Verbrechen.

Ob Kugeln oder Ordenszier,
wir wissen es dort droben,
sie beide können, meinen wir,
das Kind im Stalle loben.

Seht euer Baum, welch eine Pracht
in dieser frohen Stunde!
Der Herr im Himmel hat gelacht."
Dann war die Stimm entschwunde.

Die Flocke fiele uff de Gass
es Bäumche strahlt im Zimmer,
da säät de Schambes: „Wääßt de was,
so schmücke mer jetzt immer!"

Der Preuße und der Österreicher

Es war in der Vorweihnachtszeit des Jahres 1828.

Wieder stand ein kalter Winter vor der Tür. Mainz hüllte sich schon jetzt in eine dicke Schneedecke und wer konnte, blieb in seiner Stube hinter dem warmen Ofen.

Durch die schlecht beleuchteten Straßen patrouillierten wie immer Österreicher und Preußen, denn Mainz war Festung des Rheinischen Bundes, ein Bollwerk eingezwängt in enge Mauern, die Schutz geben sollten gegen künftige Überfälle.

Mehr als 7000 Soldaten waren hier stationiert, viele untergebracht bei Mainzer Familien, die oft an der Armutsgrenze lebten und noch dazu die einquartierten Gäste versorgen mussten.

Alle vier Jahre wechselte das Kommando, mal waren es Österreicher, mal Preußen, die als Gouverneure oder Vizegouverneure im Osteiner Hof das Sagen hatten.

Oft kam es zu Streit und Schlägereien zwischen den Soldaten, weshalb die Ludwigstraße zur Grenze zwischen den nördlichen und südlichen Stadtteilen erklärt wurde, um die Kampfhähne auseinander zu halten. So durften die Preußen nur die Kneipen in der Altstadt, die Österreicher nur die jenseits der Ludwigstraße besuchen.

Toni, Gefreiter des Österreichischen Linienregiments 49, das in diesen Jahren in der Festung stationiert war, störte dies wenig, denn am Kirschgarten wohnte eine hübsche Wirtstochter, in die er sich verliebt hatte.

So kam es, dass er sie wieder einmal heimlich besuchen wollte, nicht den Befehl achtend, kein Haus jenseits der Ludwigstraße zu betreten. Kaum stand er vor ihrem

Fachwerkhaus, das heute noch erhalten ist, als ein Preuße ihn aufhielt, der auch ein Auge auf sie geworfen hatte. Ein Wort gab das andere und schnell war eine gehörige Keilerei im Gange.

Der Kirschgarten geriet in Aufruhr, als sich der Schnee durch die Prügelei rot färbte.

Die Einwohner stellten sich, wie fast immer, auf die Seite des Österreichers, der übel zugerichtet wurde. Bald wurden sie von preußischen Soldaten umzingelt und ihr Offizier, ein Leutnant der Brandenburger Garnison, rief nach der Wache. Toni wurde abgeführt und seiner Kompanie übergeben.

Drei Tage strenger Arrest und Wache am Heiligabend vor dem Tor des Eisenturms waren die Strafe.

Nichts also war es mit dem Besuch der Peterskirche, der Garnisonskirche der Österreicher, nichts mit Orgelklang und dem Singen des Liedes, das zehn Jahre zuvor ein kleiner Schulmeister in einem Dorf bei Salzburg komponiert hatte.

So stand Toni am Heiligabend in seinen Mantel gehüllt, mutterseelenallein auf seinem Posten.

Zehn Schritte hin, zehn Schritte zurück, zehn hin, zehn zurück, eine fast sinnlose Wache vor einem Tor, das an diesem Abend niemand passieren wollte.

Der Schnee fiel in dicken Flocken, die um die Laterne tanzten. Ein eisiger Wind blies ihm vom Rhein her in's Gesicht, und mit Wehmut dachte er an sein Liebchen, das sicher in der warmen Stube mit dem Preußen Weihnacht feiern würde.

Die Glocken von St. Peter läuteten das Fest ein, die Domglocken antworteten mit ihrem ehernen Klang, als er plötzlich im Dunkeln Schritte hörte.

„Halt, Parole!", rief Toni, „keinen Schritt weiter!", und brachte sein Gewehr in Anschlag.

„Kamerad", hieß es durch das Schneegestöber, „ich bin es, der preußische Leutnant, der sich mit dir am Kirschgarten geprügelt hat."

„Mach, dass du wegkommst, du siehst, ich stehe hier auf Wache bis Mitternacht", rief Toni, „und das nur wegen unserer unseligen Keilerei."

„Lass es uns vergessen", rief der Offizier, „wir Brandenburger ziehen in ein paar Wochen ab. Als Preuße hatte ich bei der Wirtstochter ohnehin keine Chance. Sie wartet auf dich, geh zu ihr. Heute will ich eine Rechnung begleichen: Lass mich deine Wache übernehmen, es merkt niemand. Wir tauschen unsere Mäntel und Tschakos, du musst nur vor deiner Ablösung wieder zurück sein."

Toni traute seinen Ohren nicht, ein preußischer Leutnant, der für ihn Wache halten wollte?

„Warum, um Himmels willen tust du das, hat's nicht schon genug Ärger gegeben?"

„Kamerad", sagte der Leutnant, „ich war betrunken, alles war schließlich meine Schuld!"

Zweifel regten sich in Toni, sollte er wirklich dem Preußen trauen?

Doch der Wunsch, sein Liebchen am Christabend in die Arme schließen zu können war stärker, und wohl noch nie hatte ein preußischer Offizier sein Wort gebrochen.

„Jetzt mach schon, bevor es zu spät wird, wie schnell ist Mitternacht und deine Ablösung kommt", sagte der Leutnant.

Schließlich willigte Toni ein, sie tauschten Mäntel und Tschakos, aus dem Österreicher wurde ein preußischer Leutnant, aus diesem ein österreichischer Gefreiter.

Sie schauten sich lächelnd an und ein kurzer Händedruck besiegelte die Abmachung.

Selbst sein Gewehr übergab Toni vertrauensvoll, dann verschwand er eilig im Dunkel der Nacht und verbrachte den Heiligabend am Kirschgarten, während der Preuße nun als Österreicher auf Wache stand.

Mit einer Flasche Wein im Mantel kehrte Toni pünktlich vor Mitternacht zurück.

Noch war die Ablösung nicht erschienen, und schnell wechselten sie wieder ihre Uniformen.

„Danke, Kamerad, dass ich heute wieder etwas in's Reine bringen konnte", sagte der Preuße, nahm die Flasche Wein und entschwand im dichten Schneetreiben.

Sie trennten sich als Freunde, zwei die sich vertrauten und achteten, auch wenn sie verschiedene Uniformen trugen.

Kaum hatte Toni seinen Posten wieder eingenommen, hörte er, wie vom Turm der Stephans-Kirche der österreichische Hornist das Lied anstimmte, das noch heute überall auf der Welt an Weihnachten erklingt, „Stille Nacht, Heilige Nacht", und Toni sprach leise in die Schneeflocken, die wie glitzernde Sterne niederfielen: „Friede auf Erden, den Menschen, die guten Willens sind."

Philipp un de Heiligabend

In Meenz gibt's e Woistub, die jeder wohl kennt,
e urig Lokal, so wie mer des nennt.
Sein frühere Wert, der lebt heit nit mehr,
doch dort is wie damals meist rege Verkehr.

De Alte ließ Philipp, verstand was vom Woi.
Da kehrte mer mal vor Weihnachte ei.
Un wie mer dort saße und hawwe geredt,
hat er uns erzählt vom Fest und de Mett.

Vom Dom, der mit seine Glocke dann leit,
vom Klösterche aach, des vom Woihaus nit weit.
Wenn Quintin dät leite, des wär doch e Pracht,
so richtig ergreifend in der Heilige Nacht.

Mer stimmte ihm zu, wie kann's anners sei,
bestellte de nächste, en Rheigauer Woi.
Mer war'n fast gerührt, wie romantisch er war:
So redd nur en Meenzer, des war uns all klar.

Sehr fromm muss er sei, so dachte mer dann,
denn wenn ääner sowas erzähle noch kann,
dann is er bestimmt en gläubige Christ,
wie mer selten ään findt, ihn heit oft vermisst.

Beim dritte Glas Woi, es hat drauß geschneit,
wie's ebe so is in de Vorweihnachtszeit,
da löst sich sei Zung, jetzt kam er in's Redde:
„An Weihnachte is schon immer die Mette

fer mich jedes Mal was Besondres im Jahr.
Wenn die Glocke all leite dorch die Nacht eisig klar,
wenn de Dom erst beginnt, die Quintin sodann,
die Peterskerch aach, die gut mithalte kann.

Wenn Schnee uff de Gass lieht, kää Autos mer hört,
un alles is still un nix ääm mehr stört,
dann denk ich mir immer im Stille nur ääns:
So e feierlich Weihnachte gibt's nur in Meenz."

Doch dann kam's eraus, sei Woiglas war leer:
„Über die Christmett erzähl ich e klää bissje mehr.
Wenn ich hör wie se renne, um nix zu verpasse,
de Schnee knirscht uff Trottoirs, uff eisige Gasse,

dann sag ich zu mir: Ei, loss se doch renne,
en Wert so wie ich, der derf aach mal penne.
Un ääns sag ich eich, da bin ich gewiss:
Die geh'n meist nur hie, weil Weihnachte is.

Un ganz nebebei muss ich noch was sage:
Mei Wertschaft, die lieht in günstiger Lage,
paar Schritt nur zum Dom, da spuck ich fast hie,
ich guck uff de Ostchor, der is vis à vis.

Ich seh des als Vorteil, des müsst'er verstehe,
wenn e Kerch is de Nachbar, so ganz in der Nähe.
Selbst wenn mer nit hiegeht, un mer lieht in de Klapp,
dann krieht automatisch de Sege mer ab!

Den krieh ich umsunst, seit fast achtzig Jahr,
drum is es fer mich seit Urzeite klar:
Ich dreh mich rum in mei'm mollige Bett
und denk so fer mich: Wie schee is die Mett!"

Die missglückt Fuhr

De Großvadder meiner Fraa hatt' in Meenz e Woikneip, die weithie bekannt war, die „Klää Stadthall" in de Salmegass. De letzte Krieg hat se leider nit üwwerlebt. Sie war e Wertschaft, die nur zwää Räum gehabt hat, de Gastraum un dehinner die Küch, die unner de Handwerksmääster, die dort regelmäßig verkehrte, de „Weiße Saal" gehäße hat. Wenn in de Gaststubb kään Platz mehr war, is mer ääfach in die Küch ausgewiche, dort war's genauso gemütlich.

Dem Ernst Neger sein Vadder un viele Meenzer Handwerksmääster hawwe dort ihr'n Halbe gepetzt, sie war'n, wie mer säät, Stammgäst, wobei se die besondere Eigenarte vom Schillings Schorsch, dem Wert, gern in Kauf nahme.

Wenn en Gast am Woiglas Spur'n von verbappte Händ hinnerließ, also sei Glas nit sauber zurückgegebe hatt, braucht der nit wiederzukomme. Die Thek war mit Kupper un Messing verziert, un wehe, wenn moi Fraa als klää Kind, mit ihre Finger des polierte Kupper aagedatscht hatt, gab's e Dunnerwetter.

Er war bekannt fer sein gute Woi aus'em Rhoigau un sei peinlich Sauberkeit. Debei ließ er es sich nit nehme, die Fässjer fer sei Wertschaft selbst zu ersteigern.

Mei Fraa kann sich noch gut erinnern, dass er an de Versteigerungstage es Hartmännche uffgesetzt hat, sein Stock mit'me silberne Knauf in die Hand nahm un in de Rhoigau zur Versteigerung gefahr'n is. Dann hat er ausgesehe wie en richtige Kommissionär.

Was ich jetzt bericht, is aafangs der Dreißigerjahr'n passiert. In de Woche vor Weihnachte sin die Weibsleit bekanntlich demit beschäftigt, Plätzjer zu backe. Weil die Männer debei unnötig sin wie en Kropp, war de Stammtisch in de „Klää Stadthall" die best Gelegenheit sich bei'me gute Halbe uff die Feiertage vorzubereite. Dort trafe sich die Handwerksmääster fer en Dämmerschoppe, um ihre Hausdrache aus'em Weg zu gehe.

Aus ääm Gläsje sin oft zwää gewor'n, aach drei un vier. Des Problem war dann de Häämweg.

Es war wieder mal korz vor de Feiertage. Die Brüder hatte soviel getankt, dass se nit mehr fähig war'n, gradaus laafe zu könne.

Also rief de Schillings Schorsch de Chaise-Dauth aa, der in Meenz damals noch mit Pferdekutsche die Leit tranportiert hat, weil Taxis, wie mer se heit kennt, noch kaum unnerwegs war'n.

„Pulverdutt", des war em Dauth sein Spitzname, hat er gesagt, „mach die Kutsch fertig, spann ei un bring die besoffene Brüder hääm, was des kost leg ich vor."

Als der endlich kam, hat de Schilling Schorsch zu ihm gesagt: „Pass uff, Dauth, den in de recht Eck bring uff de Kästrich, den links devunn, de Heine, bringst de ins Gaadefeld, der vis-a-vis vom Heine muss in die Himmelgass, der ganz auße, de Jean, muss zum Bockshöfche."

Die Pulverdutt is losgefahrn, kam awwer nach ner halb Stund wieder.

„Zum Dunnerwetter, was is en passiert?", hat de Schorsch gerufe.

„Schorsch", hat die Pulverdutt gesagt, „wie ich die Gaugass enuff gefahrn bin, sin die Brüder all dorchenanner gefalle – du musst se nei sortiern."

De Schillings Schorsch wusst sich zu helfe, hat

jedem en Zettel mit seiner Adress an die Jack gehängt, de Dauth is wieder losgefahrn, un endlich hat die Fuhr geklappt.

Was dene ihr Weibsleit gesagt hawwe, als se dehääm aagekomme sin, kann mer sich denke. Ääns is sicher: Gefreit hawwe die sich nit – die musste beim Auslade helfe.

Bawett un Karl uff de Flucht

Es war wieder mal korz vor Weihnachte.

„Also, Karl", hat die Bawett gesaat, „des Theater wie im letzte Jahr mach ich nit mehr mit! Wer hat denn die ganz Arbeit? Doch nur ich. Denk emal nach, wie's war: Die ganz buckelig Verwandtschaft kam, ich hab gekocht, gespült un die Mischpoke bekurt. Am Schluss sin se mir nix dir nix verschwunde, habe sich die Schnud abgeleckt un nit emal richtig Dankeschee gesagt."

„Recht hast de", säät de Karl, „aach mir war des Fest gründlich verdorbe, als der Heine nix Besseres gewisst hat, als üwwer Fußball zu redde, mei Zigarrn hat er aach mitgehe lasse, unsern beste Woi getrunke un owwedrei noch ständig nach Sekt verlangt."

„Dies Jahr butze mer die Platt, mer gucke mal, ob mer en Flug krieje. Wie wär's, mer mache nach Mallorca, dort nemme mer uns e Appartement, richte uns gemütlich ei un feiern Weihnachte ganz unner uns."

„Die Spanier kenne awwer kää Christbäum, Karl", hat die Bawett gemäänt.

„Ohne Baum flieje mer nit", säät de Karl, „mer kaafe uns ään hier, die gibt's aus Kunststoff, sehe aus wie echt, un mer kann se sogar zusammefalte wie en Scherm, den gebe mer extra uff, ich denk, da wird's kää Probleme gebe. Mer gucke mal bei'm Aldi, die habe die Dinger im Sonderangebot, wie ich in de Zeitung gelese hab."

Beim Aldi gab's en Baum, en Ständer dezu, Plastikkugele, Kerze un alles zu Sonderpreise.

Paar Tag später sin se zum Flieger gegange, un ab ging's nach Mallorca.

Des Appartement war in Palma, mitte in de Stadt,

41

nix Besonderes, aber was Bessres gab's nit. Doch die zwää war'n ganz zufriede.

„An de Strand könne mer jetzt ohnehie nit", hat de Karl gesaat, „hier sin mer unner lauter Einheimische, die Kerch is aach nit weit, was wolle mer mehr?"

Zuerst wurd de Baum ausgepackt, der e bissje verkrumpelt war, dazu die Plastikkugele, die Kerze un alles, was se für de Heiligabend mitgebracht hatte.

Der Baum wurd uffgespannt, und nachdem se ihn ordentlich zurechtgeboge hatte, sah er ganz manierlich aus. Sogar an Tanneduft hatte se gedacht, un als de Baum damit eigenewwelt war, hat er geroche wie echt.

„Also, Bawett, wenn ich überleg, dass der Baum immerhie en Meter fuffzig is un nur zwanzig Euro gekost hat, war der nit zu deier", määnt de Karl, „der bei'm Billigheimer in Kastel war viel klääner un hat en Haufe mehr gekost."

„Karl, du bringst die Kugele an un steck die Kerze druff, aber pass gut uff, dass se nit zu nah an des Plastik komme, du wääßt, des fängt leicht Feier."

Als se fertig war'n hat de Karl gemäänt: „Schätzje, wenn ich die Aage zumach, könnt ich denke, ich wär im Gunsenumer Wald, so echt riecht der Baum."

„Ja", säät die Bawett, „alles wie dehääm. Un wenn mer den Mief aus dem Gully vor unserm Haus dezu nimmt, kimmt's ääm vor, als könnt mer sogar Mombach rieche."

„Die Geschenke lege mer wie immer unner des Bäumche, Bawett."

„Ich bin schon debei. Viel is es ja nit, schließlich war die Reis hierher aach nit grad billig, un außerdem: Was ich brauch, des hab ich, was ich nit hab, des brauch ich nit."

42

Mittlerweile wars drauße dunkel, es konnt beschert wer'n.

De Karl hat de Baum angesteckt, der geroche hat wie echt, im Radio gab's Weihnachtslieder – korz: Es war richtig feierlich!

Nur uff de Rambla habe se gesunge, en Mords-Halles gemacht un pausenlos Knaller abgefeuert.

„Bawettche, is es nit schee hier, fast wie in Meenz, un wenn mer's richtig überlegt: Mer sin unner uns un mer habe der Verwandtschaft emal die Schnud geputzt, dene Abstaaber."

E paar Träne habe se dann doch verdrückt als im Fernseher de Meenzer Dom zu sehe war, der mit all seine Glocke geläut hat un de Domchor gesunge hat „In dulci jubilo."

Plötzlich hat ebbes gezischt, gestunke hat's aach, e Stichflamm is hochgeschosse – de Baum hat gebrennt.

„Feier, Feier!", hat die Bawtt gerufe, „Karl, de Baum fackelt ab, Wasser her, sonst gibt's e Katastroph!"

Geistesgegenwärtig is der in die Küch gerennt, wo en klääne Feuerlöscher gehange hat. Den hat er uffgedreht, is zum Baum gerennt, hat druffgehalte.

Die Flamme sin erstickt.

Von dem Bäumche war fast nix mehr zu sehe, üwwer un üwwer war es mit Schaum bedeckt. Die Geschenke hat's aach erwischt, korz: Es sah aus wie nach me Schneesturm.

Als sie sich wieder beruhigt hatte, habe se des Bäumche angeguckt, un de Karl hat gesaat: „Bawettche, betracht de jetzt mal unsern Baum, sieht der nit aus wie in de Berge, so richtig verschneet?"

„Karl", hat se gesaat, „dei Gemüt möchte ich äämal

habe! Bei dem ganze Theater is aach noch unser Gänsje im Herd verbrennt."

„Hör uff mit der Flennerei", hat de Karl geantwort, „schließlich habe mer noch die Soß, mer dunke unser Brot enei, da habe mer wenigstens de Geschmack."

Plötzlich hat de Dom von Palma angefange zu läute, feierlich hat's über die ganz Stadt geschallt, uff de Straße habe sich die Leit umarmt un gerufe „Feliz Navidad, Feliz Navidad!".

Als die Glocke verklunge war'n, hat die Bawett dem Karl ganz zärtlich in's Ohr geflüstert: „Karlche, wenn ich mir's richtig überleg, dann sollte mer im nächste Jahr vielleicht doch wieder dehääm bleibe, ich brauch ääfach mein Dom, unser schee Altstadt, ich brauch halt Meenz, du nit aach?"

De Karl hat wie immer seiner Fraa zugestimmt, dann hat er se in de Arm genomme, fest gedrückt un gesagt: „Bawettche, aach wenn alles denebe gegange is, trotzdem: Fröhliche Weihnachte!"

Die heilig Fassenacht

Unser Jüngster hatte das Weihnachtsfest genossen und schwelgte auch noch Tage danach vom Christkind.

Doch spukte bereits die Fassenacht in seinem kleinen Kopf, so wie es bei Mainzer Kindern nun mal ist.

Die Vorfreude auf die närrischen Tage hatte ihn gepackt, nur war er der festen Überzeugung, auch Fassenacht würde – wie das Chirstkind – vom Himmel auf die Erde kommen.

Immer die gleiche Frage: „Mama, wann kommt denn die heilig Fassenacht?"

„Bald, nit mehr lang."

Worauf er eines Tages fragte: „Ja, isse denn noch im Himmel oder kommt se schon geflöge?"

Es bedurfte einiger Erklärungen, bis er verstand, dass die Fassenacht nicht heilig ist, sondern das, was wir in Mainz als die fünfte Jahreszeit bezeichnen.

Er hatte es schließlich verstanden und wurde eines Tages Kinderprinz.

Meenzer im Himmel

Wenn Weihnachten naht, die besinnliche Zeit,
ist's droben im Himmel auch wieder so weit,
dass alle, die dort sind, uns einstmals bekannt,
den eifrigen Engeln gehen zur Hand.

Dann herrscht dort ein Treiben, ihr stellt's euch nicht vor:
Die einen, sie proben den göttlichen Chor,
die andern, die kaum einen Ton rausgebracht,
sie werkeln und basteln bei Tag und bei Nacht.

Sie kleben und schreinern, sie drechseln und dreh'n.
St. Niklaus wird bald auf die Reise nun geh'n
nach drunten zur Erde, wo's stürmt und wo's schneit,
auch Ruprecht macht sich zur Reise bereit.

Nur die Meenzer, sie hielten wie oft sich zurück,
und Petrus sprach zornig, mit grimmigem Blick:
„Was soll das, ihr Brüder, ich kenn euch genau:
Wir sind hier im Himmel und nicht beim Helau."

Da steht einer auf und stellt sich in Pos:
„Wenn de 's jetzt noch nit wääßt, mer nennt mich die Nos,
als Nikolaus Krieger war in Meenz ich bekannt,
als Erster nahm ich den Kram in die Hand,

um Ordnung zu schaffe, weil's so nit mehr ging,
weil immer mei Herz an der Fassenacht hing.
Ich sag's frei heraus, aach wenn's nit gefällt:
Ich war's, der de erste Zug uffgestellt.

Und ääns musst de wisse, hör zu mir genau,
ich war bei de Gründer vom MCV,
und wenn de's nit glaabst, dann frag doch erum.
Nur: Sitze und bastele is mir zu dumm!"

St. Petrus sprach drauf mit Zorn im Gesicht:
„Was bild ihr eich ei, ihr kommt vor Gericht!
Ihr fliegt in die Höll und bevor ich's vergess,
ich sag's unserm Herrgott, der macht korze Prozess,

mit dir und all dene, die ebe gelacht!
Ihr habt mir schon immer Probleme gemacht,
ich hab die Nas voll, ihr Meenzer Bagaasch,
ich ruf jetzt de Chef." Fort war er in Raasch.

Was solle mer mache, so fragt mer sich jetzt.
De Glückert, der sich uff en Hocker gesetzt,
määnt: „Freunde, es hilft nix, bevor mer uns schasst,
mer mache halt mit, aach wenn's uns nit passt!"

Am Stammtisch wurd's still, de Woi schmeckte nit mehr.
Der Madler, de Haas, er bat um Gehör:
„Kää Ängst, liebe Freunde, des wird nie so wild,
die Höll is geschlosse, is längst überfüllt!"

Da regte sich Moerle, die Zigarr im Mund,
de Wucher, de Mundo, sie sahn in die Rund,
de Zulehner aach, de Weiser dezu:
„Jetzt macht kää Geschiss, behalt nur die Ruh.

De Chef hat Verständnis, so wie mer ihn kennt,
mer mache uff Demut, so wie mer des nennt!"
Bis Halama sagte: „Ich hab e Idee:
Mer biete uns an als es Festkomitee!"

De Neger, de Panitz, sie stimmten gleich zu.
Aach Scheu und die Benders warn begeistert im Nu,
und Eberhard meinte, ein Mann einst vom Fach:
„Mer mache en Zug, des wär doch e Sach!"

„Mer nemme de Chef mit, dass der emal sieht,
was en Meenzer im Himmel uff die Bää noch all krieht.
Im goldene Schlitte sitzt der dann allääns –
so fahr'n mer die Milchstraß erunner nach Meenz!"

De Mosner, man konnte ihn nit übersehn,
spach: „Männer von Rheinland-Pfalz-Athen,
nur ääns sag ich gleich, sonst raacht hier die Hütt:
Erst krieh ich en Halwe, sunst mach ich nit mit!"

De Falk war begeistert, de Kepplinger aach,
nur Stockhausen hüllt sich wie immer in Raach,
de Schneider mit Taktstock, wie einst uff de Erd,
säät: „Freunde, ich mään des wär nit verkehrt,

wenn die Hofkapell spielt, hier sin ja genug.
Des gibt fer de Herrgott en würdige Zug
und runderum Fahne, rot, weiß, gelb un blau
nur seid mer vernünftig, ruft niemals Helau!"

Die Williusse Änne, so riefe se all,
die nemme mer mit als de Engel vom Stall,
die freit sich schon druff, so wie ihr se kennt,
da is se wie drunne in ihr'm Element.

De Hummel von Hochem määnt: „Wie sich's gehört,
reit ich vorneweg uff me schneeweiße Pferd,
ihr Leit, des macht Eindruck, de Zug is gerett'!
De Chef wird sich freie, ich halt jede Wett."

Der Herrgott erschien in göttlichem Schein,
von Engeln umgeben, wie kann's anders sein.
„Ihr Meenzer", sprach er, „ich habe gehört
ihr findet die himmlische Arbeit verkehrt,

die meinen Geburtstag durch Gaben verschönt,
doch wenn ich von euch auch schon manches gewöhnt,
ich hab euch verziehen, macht schnell euch bereit,
mein Wunsch ist's, dass ihr Sankt Niklaus begleit.

Fahrt mit ihm zur Erd, lasst nie ihn allein,
verteilt die Geschenke an Groß und an Klein,
bedenkt es wird Weihnacht voll Freude und Glück.
Wenn die Domglocke 12 schlägt, dann seid ihr zurück!"

Und wie es befohlen, so ist es gescheh'n.
Sie fuhren hinab aus den himmlischen Höh'n
durch die sternklare Nacht und gaben Geleit
St. Niklaus, dem Künder der festlichen Zeit.

Wenn ihr Sternschnuppe seht, so achtet darauf
dann kommt sie vom Himmel in fröhlichem Lauf
zusammen mit Niklaus, die närrische Schar,
die einst unter uns in der Fassenacht war.

Winter 1941

Wenn ich heute über die Dr. Kirchhoff-Straße in Weisenau fahre, kommen mir Erinnerungen an herrliche Schlittenfahrten, einen Winter mit nicht enden wollenden Schneefällen und an viele Wochen mit eisigen Temperaturen.

Die ständigen Siegesmeldungen waren 1941 selten geworden, der Russlandfeldzug war in's Stocken geraten. Man sammelte Winterkleidung für unsere Landser, die unter der strengen Kälte litten, in Schützengräben festsaßen und dem Erfrieren nahe waren.

Noch hatte Mainz nicht unter allzu schweren Luftangriffen gelitten, das Leben verlief einigermaßen ruhig trotz gelegentlicher Fliegeralarme.

Es war ein Jahr vor meinem Abitur und der Einberufung zur Wehrmacht.

Fast täglich suchten wir in den Abendstunden unsere Rodelbahn auf, eine Straße in Weisenau, die in der Nähe der Zementwerke von der Anhöhe der Moritzstraße bis weit hinunter zum Rhein führte.

Die Straße war unbeleuchtet – es musste ja überall verdunkelt werden – doch unter dem Sternenhimmel glänzte der Schnee und glitzerte auf der verschneiten, kurvenreichen Bahn.

Die ganz Mutigen unter uns fuhren auf dem Bauch liegend, Kopf voraus, die eisglatte Piste hinab, so wie man es vom Skeletonrodeln her kennt.

Von allen bewundert starteten sie zum „Bauchert" und fühlten sich als Helden der Piste.

Noch heute höre ich die Rufe: „Acheng! Acheng!" was so viel bedeutete, wie „Achtung, Achtung". Ein nicht

ungefährliches Rennen, bei dem so mancher Kopf und Kragen riskierte.

Mit Anlauf ging es in die erste Kurve, dann etwa 200 Meter geradeaus zu einer Linkskurve, nach weiteren 50 Metern folgte die nächste und mit hoher Geschwindigkeit rodelten wir Richtung Rheinstraße. Wir rasten in Strohballen, die die Zementwerke als Puffer aufgestellt hatten.

Natürlich waren auch Weisenauer ‚Böppcher' mit von der Partie, was dem Rodelspaß einen besonderen Reiz gab. Unsere Schlitten wurden eng zusammengekoppelt, der vordere, auf dem sich nur einer platzierte, diente zur Lenkung. Nur ein Leichtgewichtiger durfte auf ihm sitzen und nie die Füße von den Kufen lassen. Dann kam das Kommando „Weibsleit in die Mitt!" Die Mädchen wurden in die Mitte gesetzt und fürsorglich umarmt, angeblich um sie zu schützen, was aber natürlich auch andere Gründe hatte.

„Acheng, es geht los, Füß uff die Kufe", hieß es dann. Die Schlitten wurden angeschoben und nur die hinten Sitzenden streckten ihre Beine aus, um das Gefährt auf der Spur zu halten.

Bei der schnellen Fahrt war Feingefühl gefordert, denn ein Bremser zu viel konnte die Schlitten zum Schleudern bringen, die dann kaum mehr zu kontrollieren waren: Der gesamte Schlittenverbund drehte sich, kippte um oder raste gegen die Bordsteinkanten.

Auch wenn wir uns blaue Flecken holten – was machte es schon, wir hatten unsere Freude und genossen es, für ein paar Stunden den Alltag zu vergessen.

Üwwer's Christkindche

Ohne Christkindche gäb's kää Weihnacht.

Des Kindche im Stall werd liebevoll in Kerche, in Krippeausstellunge un aach dehääm in viele Wohnunge uffgebaut, zusamme mit seine Eltern, der Maria un dem Josef.

Schon in frühere Zeite hat mer es in Gemälde dargestellt, mal als pausbäckig Kind, mal ebbes derr, weil niemand wääß, wie es werklich ausgesehe hat.

Aach wie des mit der Kripp war, in der es geleje hat, wääß mer nit. Jedenfalls kann mer kaum glaabe, dass es ohne Hemdche uff Stroh gelege hat, wie oft dargestellt, un dass es dadebei noch so fröhlich gelacht hat. Liege Sie mal so in me zugische Stall, da vergeht Ihne es Lache. Mer muss sich nur wunnern, wie des Kindche des alles üwwerstehe konnt.

Im Louvre kann mer Bilder sehe, die äämal des Jesuskind mit me Glatzkopp, annermal mit me Lockekopp darstelle, mer sieht: Der Fantasie warn kää Grenze gesetzt.

Wenn ich mir des Bild vom Raffael betracht, wo des Kindche uff ner blau Deck lieht ohne Winnele, puddelnackisch im Freie kann ich nur sage: Heit wär des en Fall fers Jugendamt.

Als ich noch e klää Kind war, hab ich mir es Christkindche wie e Engelche vorgestellt. Es war kään Bub, eher e Mädche, mit viele Locke, des vom Himmel gefloge kam un nach me Klingelzeiche schnell es Weite gesucht hat: „Ewe wars Christkindche da", hat mein Vadder gesagt un hat bedeutungsvoll die Tür zum Wohnzimmer uffgemacht.

Trotz der Kält wars Fenster geöffent, damit es schnell enauswitsche konnt.

„Jakob, mach es Fenster zu, es zieht, die Kerze gehen aus!", hat mei Mutter dann gerufe, dabei hätt er äämal beinah de Baum umgeschmisse – er war am Lametta hängegebliwwe.

Bei meiner Großmutter stand an Weihnachte uff em Vertiko e rot beleucht Höhl, in der die Heilig Familie versammelt war. Des hat mich immer sehr beeidruckt, zumal es Christkindche bei ihr aus Wachs war, liebevoll mit Watt zugedeckt un mit hellblonde Löckcher.

Zumindest hat die gut Fraa fer des Kindche gesorcht, damit es sich kää Erkältung hole konnt.

Ich glaab, des Christkindche hat sich in der mollig Höhl viel wohler gefühlt als in unserm offene Stall, der zwar schee anzusehe war, awwer mit Sicherheit damals so nie ausgesehe hat.

Bei uns in Meenz hat die Bezeichnung Christkindche viele Bedeutunge, ebbes, was ich versuche will emal etymologisch zu erklärn.

Wir Meenzer sin bekannt dafür, dass wir gern Buchstabe, selbst ganze Silbe, weglasse, was dazu führt, dass mer statt Christkindche ääfach meist Chriskinche sage, also ohne „t" un „d", was dem Wort kään Abbruch tut, denn ohnehie wääß jeder, was gemäänt is.

Weil der Jesus ja en Bub war, bezieht sich die Bezeichnung uff e männlich Wese, doch da beginnt schon die Verwirrung, denn aach Mädcher wern oft als Chriskincher bezeichent.

Des määnt nix anners, als dass manch Mädche bei jeder Gelechenheit gleich flennt, korz, also nit so belastbar is wie en Bub in seim Alter. Uff de Gass kann mer dann hörn: „Mach dich hääm, du verkrische Chriskinche!"

Unner Buwe sin Chriskincher die Underdogs. Wer nit mithalte kann, wenn's mal Krach gibt, krieht ääns uff's Dubbé un wird häämgeschickt.

„Ich geh e Chriskinche kaafe", säät mer bei uns, wenn mer vor Weihnachte Geschenke kääft. Schun hier hat des Wort e völlig anner Bedeutung, un en Messfremde kann mit so me Ausspruch bestimmt nix aafange.

Oft wird aach nach de Bescherung die Frag gestellt: „Hast de e schee Chriskinche gekrieht?"

Des hääßt soviel wie: Sin die Geschenke reichlich gewese?

Mer sieht, hier bezieht sich de Sprachgebrauch nit mehr uff e menschlich Wese. 'S Chriskinche hat sich plötzlich in e ganz profan Sach gewandelt.

Wenn en Mann im beste Alter als Chriskinche bezeichent werd, määnt des, der is en Schisser, en Mensch mit dem nit viel anzufange is, ääner, der die Hose voll hat un voller Ängst zu kääner Entscheidung komme kann. Er wird oft veräppelt un dorch den Diminutiv zu dem gemacht, was er früher mal war, e ängstlich Bubche.

Männliche Chriskincher hawwe deshalb dehääm oft nix zu sage, sie sin ihrer Fraa hörich un traue sich nit, es Maul uffzumache. Nur drauße führn se oft es große Wort, bei dem nie viel dehinner is. Im Sprachgebrauch wird so ääner bei uns aach als „Oijoiche" bezeichent, e Bezeichnung, die schon höheres Meenzerisch is un nur von Einheimische verstanne werd.

Wenn e Fraa degege e Chriskinche is, dann geht des noch, solang se nit verheirat is. En Mann, der so e

Chriskinche heirat, hat e Lebe lang Weihnachte. Er kann schenke was er will, sei Fraa hat immer was auszusetze, kann Träne drücke uff Kommando un flennt aach dann, wenn üwwerhaupt nix passiert is.

Viele Dokter lebe von Chriskincher, die selbst dann im Wartezimmer sitze, wenn se kerngesund sin. Aach Apetheker un Heilpraktiker finne bei dene e regelrecht Goldader.

Chriskincher stoppe sich mit Tablette voll, egal was se koste un ob se werklich helfe, sie jammern un stöhne, um uff sich uffmerksam zu mache, so wie der Molière es in seim „Eigebildete Kranke" beschriwwe hat, un sin nur dann zufriede, wenn se von alle Leit bedauert wern.

Es gibt awwer aach Leit, die als Chriskincher bezeichent wern, wenn se um die Weihnachtstage geborn sin. Dann is des in Meenz kää Schimpfwort, es is nur e kalendarisch Feststellung. Sie wern oft bedauert, weil sie meist nur äämal im Jahr Geschenke krieje, da Weihnachte un ihr Geburtstag zusammefalle. Wenn mer mal ernsthaft nachrechent, sin se Restbeständ von Fassenacht, un von ihre Eltern oft nit geplant.

Mer könnt üwwer Chriskincher noch viel sage, doch ääns steht fest: Bis en Messfremde werklich begriffe hat, fer was des Wort alles aagewandt werd, muss er viele Weihnachte in Meenz gelebt hawwe!

De Schreiber Schorsch
Hommage an e Meenzer Original

Schorsch war als Schutzmann bekannt in de Stadt,
en Mann wie en Baum, so lang wie e Latt.
Beliebt war er zudem, denn wo mer ihn sah
war er stets, wie es hääßt, den Bürgern sehr nah.

Wenn er uff de Streif dorch die Stadt is marschiert,
hätt kääner, wie heit, uff de Straß randaliert.
Er sorgte fer Ordnung, wenn sei Rund er gedreht,
debei war er immer zu Späss uffgeleht.

In Weisenau hatte mer en Parrer vor Jahr'n,
der is mit sei'm Moped dorch Meenz mal gefahr'n
un fuhr in Gedanke, des kann halt mal sei,
entgegegesetzt in e Einbahnstraß nei.

De Schorsch sieht den Parrer un säät zu ihm druff:
„Des kost was, Hochwürden, doch regt Eich nit uff,
en Knolle mach ich erst, wenn ich Eich noch mal erwisch.
Zur Buß bete Se mal e Vaterunser fer mich."

In Meenzer Kneipe war Schorsch gern gesehe.
Und musste spät abends sei Runde er drehe,
dann war er me Schoppe nie ganz abgeneigt
un hat fer die Gäst meist Verständnis gezeigt.

Wenn „Polizeistund" er rief, dann wusste die Leit:
Er määnt des zwar ernst, doch noch hawwe mer Zeit.
„Komm, Schorsch, trink ään mit, dann gehn mer gewiss!"
De Schorsch ließ sich nit lumpe, wie's in Mcenz halt so is.

61

Nach em Dienst, wenn er häämzu nach Weisenau war,
dann war es fer ihn an manchem Dag klar:
In de Fischtorgass guck ich noch schnell mal vorbei
un kaaf fer heit Abend paar Hering noch ei.

So is es geschehe, er bekam noch dezu
en Korze, wie immer, den schluckt er in Ruh.
Dann is er gegange, sagt: „Dankeschee aach!"
Er war halt beliebt, des is gar kää Frag.

Es war Heiligabend, in de Sechzigerjahrn,
als noch nit zu viele Autos gefahrn,
da stand uff e'm Handkäs, wie der Sockel genennt,
de Schorsch wie e Windmühl un schwingt mit de Händ.

De Verkehr war zu regle, aach wenn es geschneit:
Sie wollte all hääm zur Bescherung, die Leit.
Am Münsterplatz war's, wo mer nausfährt aus Meenz,
wo Straße sich kreuze, stand Schorsch ganz alläns.

Es gab noch kää Ampel, wie mer heit sie so kennt,
dafür gab's en Schutzmann uff me Käspostament.
De Name kam daher, was wohl niemand vergisst,
es sah aus wie en Handkäs, den en Meenzer gern isst.

Im weiße Mantel stand uff em Sockel de Schorsch.
Er war, wie mer sah, verfrorn dorch un dorch,
hat sich wie'n Dopsch in jed Richtung gedreht,
aach wenn ihm de Schnee in die Aage geweht.

Sei Trillerpeif konnt in der Kält er vergesse,
nutzlos war sie, wege Schnee un dorch Nässe.
So fuchtelt er rum un dreht sich im Kreis
als Ampelersatz in Schnee un in Eis.

En Sportsmann war er, bekannt weit un breit,
war Meister im Turne in früherer Zeit,
Polizeimeister aach, beliebt un geacht,
un als Schode bekannt in de Fassenacht.

Als Schorsch so geregelt den Weihnachtsverkehr,
is ebbes geschehe, des gibt's heit nit mehr.
E Auto hielt an, de Fahrer hippt raus,
un leert vor dem Handkäs e Säckelche aus.

„Fer dich, lieber Schorsch, hier zwää Flasche Woi,
dei Christkindche is es", säät er nebebei,
„ich fahr aach gleich weiter, jetzt mach kää Gedeenz,
so en Schutzmann wie dich – den gibt's nur in Meenz!"

„Ich danke aach schee", hat de Schorsch druff gesagt,
dem Fahrer gewunke un herzlich gelacht.
„Mach schnell dich devon", rief dem Spender er zu,
„sonst is de Verkehr verstoppt hier im Nu."

Die Schneeflocke tanzte um e Straßelatern,
es riefe die Glocke vom Dom in de Fern.
Da hielte noch viele, die Päckcher spendiert,
un bald war de Handkäs mit Flasche geziert.

De Schorsch hat de Woi nit allääns konsumiert,
vielleicht hie un da mal e Fläschje probiert.
Er hatt en verteilt, es fiel ihm nit schwer,
denn uff em Revier gabs noch annern wie er.

Es gibt e paar Bilder, da kann mer Schorsch sehe,
wie Schneeflocke ihn uff seim Handkäs umwehe.
Heit regelt die Ampel den Verkehr ganz allääns,
die Zeite wie damals, gibt's nit mehr in Meenz.

Die drei Weisen (wie's werklich war)

Uns allen sind lang schon die Namen bekannt,
von denen, die zogen in's Heilige Land,
beladen mit Myrrhe, mit Weihrauch und Gold,
das Kindlein zu suchen in der Krippe so hold.

Woher sie gekommen, war keinem ganz klar;
ob's Ost oder West, ob's Süden gar war.
Der Norden war's nicht, für die Pilger zu weit,
zu eisig der Weg, zu tief auch verschneit.

Woher also kamen die Weisen marschiert?
Das hat mich schon lange doch sehr interessiert,
drum wälzte ich Schriften, Folianten sogar,
zu suchen nach dem, was damals einst war.

Ich fand einen Hinweis, man konnte es seh'n,
da stand etwas Neues, noch kaum zu versteh'n.
Sie kamen, so las ich in deutlicher Schrift,
zuerst alle drei einst rheinaufwärts geschifft.

Und weiter stand dort, woher sie gekommen,
da hat es mir fast den Atem genommen:
Die Stadt heißt Moguntia, so stand's klipp und klar –
der Kaspar, der Melchior und auch Balthasar.

Es wurde genau auch der Weg noch beschrieben,
wo sie einst gerastet, wie lange sie blieben,
auch, dass sie als Römer in Mainz stationiert
und hier alte Tafeln mit Schriften studiert.

Da nimmt es kein Wunder, es leuchtet mir ein,
en Schwarzer dabei, so konnte es sein,
denn Rom hatte Truppen, wie jedem bekannt,
von überall her, ganz gleich welchem Land.

Und weil sie auch mal in Ägypten gewesen,
so konnt aus vergilbten Büchern ich lesen,
hat Schwarze, wie's hieß, man gern rekrutiert.
Die Hauptsache war: Der Soldat ist marschiert.

Legionäre war'n sie, schon lange im Land,
aus fürstlichem Blut, wie weiter dort stand,
und hatten, so wurde ich weiter belehrt,
von der Geburt eines göttlichen Königs gehört.

Ihre Götter, die alten, verehrten sie zwar
und opferten ihnen, wie es immer schon war.
Doch längst war'n sie Zweifler, es war ihr Begehr'n,
den Wahren zu suchen, als Gott ihn zu ehr'n.

Die Gaben, so hieß es, erwarben sie schnell,
denn rund um das Lager war alles zur Stell,
da wurde gehandelt, wie jedem bekannt,
mit Weihrauch, mit Myrrhe, mit Gold und mit Tand.

Ihr Aufbruch geschah in stockfinstrer Nacht,
von dort aus, wo Blussus Geschäfte gemacht,
einer lieblichen Au, wie die Chronik beweist,
die deshalb auch heute noch Weisenau heißt.

Es gab keine Karten, es gab nur den Stern,
dem folgten sie, als sie ihn sah'n aus der Fern.
Nur einmal, da hätten sie ihn doch fast verfehlt,
drum wird auch bis heute was Falsches erzählt.

In Wahrheit gab's Streit, man wusst' nicht wohin,
so stand's in den Schriften ganz eindeutig drin,
weil keiner dem andern die Führung gegönnt,
so, wie man es schon seit Jahrtausenden kennt.

Drum kam es zum Umweg, der Zeit hat gekost'.
Die Weisen, sie kamen dann schließlich aus Ost,
was all', wie ihr wisst, aus Atlanten her kennt,
seit uralter Zeit man das Morgenland nennt.

Das führt auch dazu, was jeder versteht,
sie kamen als Pilger nun leider zu spät;
bis schießlich, so wie in den Büchern man schrieb,
der Stern guter Letzt endlich stehen nun blieb.

Sie waren enttäuscht, es war kein Palast.
War alles vergebens, war sinnlos die Hast?
Es war nur ein Stall, zerfallen und klein,
soll dies der Geburtsort des Gottessohns sein?

Als sie ihn betraten, ein Engel erschien,
sprach: „Tretet nur furchtlos zum Kindelein hin.
Es liegt in der Krippe, von Tieren bewacht.
Jetzt schläft es gerade, seid leise und sacht."

Sie fielen auf's Knie, sie zweifelten nicht,
denn göttlicher Glanz von des Kindes Gesicht
er ließ sie erkennen, wie fest man gestellt:
Wir sind nun am Ziel, bei'm Herrscher der Welt.

Dann gaben sie Weihrauch, auch Myrrhe und Gold,
so, wie einem König Verehrung man zollt,
Maria und Josef, wie konnt's anders sein,
ein Fässlein, gefüllt mit köstlichem Wein.

Er sei dort gewachsen, haben sie drauf erzählt,
wo der Rhein sich mit anderen Wassern vermählt,
nicht weit von dem Lager, hoch über dem Strom,
wie Augustus befohlen, der Herrscher von Rom.

Dem Kind in der Krippe gab Melchior voll Stolz
ein Schifflein, das selbst er geschnitzt einst aus Holz,
ein römisches Boot, im Maßstab korrekt,
genau wie in Mainz man sie später entdeckt.

Die Freude war groß in der Heiligen Nacht
über all die Geschenke, von Weisen gebracht,
und man hörte es singen im Nachtfirmament:
„Gepriesen die Stadt, die Moguntia man nennt."

Done uff em Weihnachtsmarkt

Des Schönste im Jahr is fer viele gewiss,
wenn im Schatte vom Dom de Weihnachtsmarkt is.
Da herrscht e Gedräng, wenn die Meenzer flaniern,
wenn se gucke un staune, sich an Ständ amüsiern,

Dann sieht mer se feilsche un Hännelcher mache:
Bald kimmt ja es Fest, mer braucht noch'n paar Sache.
Sie gehn dorch die Gasse, von Budcher umsäumt,
un manch ääner von seiner Kindheit dann träumt.

Es riecht nach Gewürze, nach Nelke un Zimt,
de eiskalte Zinke den Geruch in sich nimmt,
aach Brateduft riecht mer, wie kann's anners sei,
un mancher schiebt schnell sich e Wörschte enei.

Un weil es meist kalt is, gibt's Glühwoi in Menge,
den riecht mer von weitem in dem dichte Gedränge,
un steht mer am Ständche, erkennt mer im Nu:
Der wärmt ääm die Finger un schmeckt noch dezu.

Die Kinner, die klääne, uff em Buckel getrage,
sie frein sich, mer sieht's an de glänzende Aage.
Sie wolle – was Wunner – zu ner ganz bestimmt Stell,
dort steht wie seit Jahre e groß Karussell.

In Meenz säät mer Reitschul, schun seit alte Zeite,
denn Gailcher sin druff, die leicht sin zu reite.
Aach Chaisjer dehinner, bequem drin zu sitze,
un wenn erst die bunte Lichter all blitze,

dann is jeder glücklich, wenn die Reitschul sich dreht,
nit nur de Kinner, es allen so geht,
un wenn noch e Weihnachtslied leis sie begleit,
dann denkt mer im Stille: Was e wunderbar Zeit.

Des hat aach de Done aus de Altstadt gedacht.
Sei Fraa hat vor Jahr'n längst devon sich gemacht.
Seitdem war der Done, es fiel jedem uff,
weil er so allää war, fast ständig im Suff.

Un wie es so is, tat's plötzlich ihn jucke:
„Ich will nur mal korz uff de Weihnachtsmarkt gucke,
e klää bissje Glühwoi, den gönn ich mir heit,
un außerdem bin ich mal unner de Leit!"

Erst sieht er die Reitschul, uff der er vor Jahrn,
schunn in seiner Kindheit so oft is gefahrn,
dann drückt er paar Träncher un geht dran vorbei,
schunn is er am Glühwoi un steht in de Reih.

Ää Gläsje nur will er, um draa mal zu nippe,
des krieht er gereicht aus me riesige Dippe;
er schlutzert den Woi un denkt sich debei,
„Ich trink noch e zweites, was is schun debei!"

Des zweite hat er wie en Sturzbach geleert,
un gleich hat de Done es dritte begehrt,
es vierte lief runner, schnell war es zu spät,
ganz plötzlich hat sich alles wie e Reitschul gedreht.

Da hat er gemerkt, wie sein Kopp hat gedröhnt,
wie hat sich de Done nach me Plätzje gesehnt,
wo still er könnt sitze, kään Deiwel ihn sieht –
da endlich hat er en Eifall gekrieht.

„Ich laaf in die Quintin, die is bestimmt offe.
In de Kerch hab ich selten Bekannte getroffe.
Die hawwe e Aadacht, wie oft im Advent,
in de hinnerst Bank mich kään Deiwel erkennt."

Die Quintin war offe, es war fast e Wunner,
in de allerletzt Bank kam de Done dann unner.
Un kaum saß er dort, kam die Wirkung vom Woi
sein Kopp fiel nach vorne, er schlief langsam ei.

Debei hat sich alles wie e Reitschul gedreht:
Delirium tremens, so wie mer aach sägt.
Da hat er gesesse, un hört wie im Traum,
dass die Orchel erfüllt den kirchlichen Raum.

Es hat dann geschellt, de Parrer kam rei.
De Done im Suff, 's konnt anners nit sei,
im Kopp noch die Reitschul, gab lauthals er kund:
„Ich bleib emal sitze und fahr noch e Rund!"

Als dann die Aadacht war schließlich zu End,
hat de Done ganz hinne noch immer gepennt.
De Parrer, wie üblich, hat die Leit all gesechent;
es Wasser is aach uff de Done gerechent.

Da endlich is der aus sei'm Tran uffgewacht.
Erschrocke rief er: „Ich hab mer's gedacht,
dass heit noch was kimmt! Jetzt isses so weit,
ebe fängt's aa zu regne, geht hääm schnell, ihr Leit!"

Die Räucherbäume

In den Wochen nach dem Weihnachtsfest werden durch die Stadtwerke in jedem Jahr die Christbäume, oder was davon übrig ist, abgeholt.

Da stehen sie nun an Straßenecken und Plätzen und warten auf Lastwagen, die sie zur Entsorgung bringen, sie werden gehäckselt und schließlich wieder dem Kreislauf der Natur zugeführt.

Doch dass es auch anders geht, bewies vor Jahren Toni Hämmerle, der seinen Freund Ernst Neger über Jahre hinweg am Flügel begleitete.

Ernst Neger, ein bekannter Mainzer und auf der Bühne der Fastnacht als großartiger Sänger weit über Mainz hinaus bekannt, war Inhaber einer Dachdeckerfirma, die zugleich auch Gerüstbau betrieb.

So stand eines Tages in der Zeitung zu lesen: „Suche Christbäume zum Räuchern meiner Gerüststangen, abzuliefern vor meinem Wohnhaus."

Eigentlich hätte jeder sofort merken müssen, dass hier einige Spaßvögel am Werk waren – wer räuchert schon Gerüststangen? Doch es dauerte nicht lange, bis sich vor seiner Haustür abgetakelte Weihnachtsbäume in großen Mengen stapelten.

Ernst hatte alle Mühe, die Gerippe wieder los zu werden. Nachgetragen hat er es Toni Hämmerle nicht, denn allzu oft hatte er selbst so manchen Streich mit ihm ausgeheckt.

Weihnacht der Zugplakettchen

Es geschah in Mainz in der Heiligen Nacht,
längst waren die Kinder zu Bette gebracht.
Sie sahen die Lichter, die Engel im Traum,
sie sahen Geschenke, den strahlenden Baum.

Und lächelten glücklich, wie Kinder so sind,
und sahen im Schlafe das göttliche Kind.
Die Kirchen von Mainz, in würdiger Rund,
verkündeten ehern die Mitternachtsstund.

Mit tiefem Schlage des Domes Geläut,
dann folgte St. Stephan, den Menschen zur Freud,
St. Ignaz fiel ein, St. Peter von fern:
„Weihnacht ist heut, nun danket dem Herrn."

Da plötzlich, so wie es zur Geisterstund ist,
die vielen ein Rätsel, wie alle ihr wisst,
hört man ein Geraschel, das kaum zu erklär'n,
Getäppel und Schritte, man könnte fast schwör'n,

dass auf den Straßen, den Gassen im Wind,
ein riesiges Heer zusammen sich find't.
Gekicher, Gelächter in eisiger Kält,
ein ganzer Zug zusammen sich stellt.

Ihr fragt, was geschah zu nächtlicher Stund?
Dort, wo sie gelagert, ertönte die Kund:
„Die Tür ist noch offen, drum Freunde all hört:
Heut wird dem Christkind ein Festzug beschert!"

Und wie es gesagt, so ward es getan.
Es schritten als Erste die Prinzen voran,
danach kamen Reiter, ein stattliches Feld,
Gardisten, Dragoner dazu sich gesellt.

Sie alle gingen die Treppe hinauf
und drängten zur Tür nun, ein riesiger Hauf',
die Zugplakettchen in herrlicher Pracht:
Sie wollten zum Dom in der Heiligen Nacht.

Sie liefen und rannten trotz Schnee und trotz Eis,
ein Heer voller Freude auf fröhlicher Reis'
und riefen sich zu: „Beeilt euch geschwind!
Es wartet auf uns heut das göttliche Kind."

Sie kamen zum Dom vor das bronzene Tor,
weit offen stand es, ein Engel davor
in leuchtendem Glanz sagt: „Tretet nur ein,
ich führ euch zur Krippe, denn ihr ganz allein

seid heute zu Gast bei dem göttlichen Sohn;
wir warten auf euch seit Mitternacht schon.
Beeilt euch und lauft, denn wie ihr all wisst,
bis ein Uhr die Zeit euch bemessen nur ist."

Die Halle des Domes nahm alle sie auf,
die Orgel ertönt' bei dem festlichen Lauf.
Sie gingen zur Krippe am Seitenaltar
die Kerzen erstrahlten im Licht wunderbar.

Maria und Josef, der Ochs und die Kuh,
sie schauten den bunten Plakettchen nun zu,
wie sie standen und sangen in Reih und in Glied
dem Heiland zu Ehren ein fröhliches Lied.

Das Kind in der Krippe, wie hat es gelacht,
was hat es ihm Spaß, welche Freude gemacht!
Dann hört' man die Stimme des Engels am Stall:
„Geht heim nun zurück, wir danken euch all."

Die Glocke vom Domturm die erste Stund schlägt,
der Zug sich zurück in das Lager bewegt,
von wo sie gekommen durch die Nacht eisig klar
und kurz hinterher war's, wie es immer schon war.

Das Missverständnis

Wir besuchten mit unseren Kindern als Einstimmung auf das Weihnachtsfest die Christmette im Dom.

Wie immer schritt würdevoll nach der Messe der Domschweizer dem Klerus voran.

Unsere kleine Tochter schaute ihn mit ihren Kinderaugen etwas ängstlich an. Der Mann in schwarzem Mantel, Hellebarde in der Hand, beeindruckte sie so sehr, dass sie später meine Frau fragte: „Mama, wer war'en der Mann, der so bös geguckt hat?"

„Der is nit bös, des war de Domschweizer, der im Dom für Ordnung zu sorgen hat", war die Antwort meiner Frau.

Irgendwie hatte unsere Tochter dies jedoch missverstanden. Als wir nach einiger Zeit wieder den Dom aufsuchen wollten, war unsere Tochter nicht zu bewegen, mitzugehen. Sie sträubte sich und fing jämmerlich an zu weinen.

„Ei, Kind, warum willst de denn nit in de Dom?", war unsere Frage.

„Ich geh nit mehr in de Dom, da is en Dootschmeißer.

„Wer ist da?"

„Ei, der Mann mit dem große Hut un dem lange Spieß. Ihr habt doch selbst gesagt, des wär de Dootschmeißer."

Es dauerte lange, bis wir sie überzeugen konnten, dass es im Dom keine Dootschmeißer gibt.

Der schwarze Kasten

Auch heute noch ist mir ein Erlebnis, das ich Knirps im Alter von sieben Jahren hatte, in bleibender Erinnerung.

Wie üblich trafen sich meine Eltern mit einer befreundeten Familie nach den Weihnachtsfeiertagen.

„Mer treffe uns zwische de Jahr'n, diesmal bei uns in de Hafestraß", hieß es, und auf dieses Treffen freute ich mich stets besonders, denn die Freunde meiner Eltern wohnten in einem Haus aus der Gründerzeit.

Schon das Treppenhaus war imponierend. Bunte Fenster, die in vielen Farben strahlten, machten auf mich einen besonderen Eindruck. Hohe Räume, stuckverziert, ein schier endlos langer Flur, weiße Flügeltüren, die die Zimmer verbanden, für mich eine beeindruckende Wohnung, wie meine Eltern sie damals noch nicht hatten.

Von einem kleinen Erker konnte man über kahle Bäume hinweg auf den Rhein blicken.

Mein Vater brachte immer seine Geige mit, die er ganz ordentlich zu spielen wusste; „Onkel" Hermann begleitete ihn am Klavier. Weihnachtslieder erklangen, während wir andächtig lauschten. Die „Träumerei" von Schumann durfte als Abschluss nie fehlen. Hausmusik wurde bei uns und den Freunden meiner Eltern seit jeher gepflegt.

Kaffee und Kuchen standen bereit, doch zuerst sollten wir Zeuge einer besonderen Überraschung werden. Unser Gastgeber führte uns in sein Arbeitszimmer. Dort stand auf einer Kommode ein schwarzer Kasten. Er mag so groß gewesen sein wie ein Aktenkoffer. Braune Drehknöpfe, mit Rillen versehen, befanden sich an der

Vorderfront. Große unförmige dunkle Glühbirnen, die mir fast bedrohlich erschienen, überragten den Kasten. Ein spinnwebenartiges Gebilde aus Metallfäden befand sich auf der Oberseite.

Es war mir unheimlich zumute, als „Onkel" Hermann mehrere Schalter bediente und die Zeiger hin und her hüpften, während die Birnen allmählich rot erglühten. Die ‚Spinnwebe' begann sich zu bewegen, mal nach rechts, mal nach links. Dann drehte er an den Knöpfen so lange, bis ein summendes Geräusch zu vernehmen war, das aus einem Kasten kam, der neben dem Gerät stand. Es pfiff und krächzte und roch nach erhitztem Bakelit.

„Das ist mein Radio, das ich aus Bauteilen zusammengesetzt habe", erklärte er voll Stolz.

„Wenn wir Glück haben, kriegen wir Königswusterhausen", kündigte er an, und in der Tat: Nach etlichen Versuchen erklang aus dem Kasten, der neben der schwarzen Kiste stand, eine Weihnachtsmelodie, zuerst leise, kaum vernehmbar, doch plötzlich laut und deutlich.

Wir waren tief beeindruckt. Das erste richtige Radio stand vor uns.

„Ich versuche, einen anderen Sender zu bekommen", sagte „Onkel" Hermann.

Wieder pfiff und krächzte es, bis er einen neuen Sender gefunden hatte, doch der wurde ständig überlagert.

Musik und Stimmen boten ein akustisches Durcheinander. „Königswusterhausen ist stärker und schlägt durch", war sein Kommentar. Ich bekam einen riesigen Schreck. ‚Durchschlagen' war für mich mit einer Katastrophe verbunden, die nun auf uns zu kam. In meiner kindlichen Phantasie stand eine Explosion kurz bevor, zumal unser Gastgeber auf mich einen eher hilflosen

Eindruck machte. Doch zum Glück blieb der Kasten friedlich.

Nach einiger Zeit gelang es ihm, der Kiste wieder klare Töne zu entlocken. Staunend saßen wir um das Ungetüm, der Kaffee wurde kalt, der Kuchen war vorerst vergessen, wir wurden Zeuge einer neuen Technik, die später schnell die Welt verändern sollte.

Bis heute sind mir diese Tage nach Weihnachten in Erinnerung geblieben, so als sei es erst gestern gewesen.

Der Engelschor

Es geschah im Himmel zur Vorweihnachtszeit.
Die göttlichen Heerscharen standen bereit,
ein mächtiger Chor in goldener Pracht
Gesänge zu üben zur Heiligen Nacht.

Natürlich wurd Petrus zum Leiter erkorn,
er hatte noch niemals den Faden verlorn.
Seit zweitausend Jahren, wie's immer schon war,
hatt streng er geleitet die Himmlische Schar.

So rief er zur Probe die Engel heran.
Ein mächtiger Fürst, gestandener Mann,
den Schlüssel in Händen, so kannte man ihn,
trat würdevoll er vor die Heerscharen hin.

Die Engel, sie standen in Reih und in Glied,
dann hob er den Schlüssel zu proben ein Lied,
das einzig bestand, schon seit zweitausend Jahr,
aus einem Wort nur: „Alleluja".

Es hatte den Vorteil, man muss es verstehn,
dass keiner der Engel sich konnte versehn:
„Alleluja", einfach und das tausendmal
gesungen von ihnen im göttlichen Saal.

Melodisch zumindest war's gar nicht verkehrt.
Die Basse, Tenöre, Soprane man hört,
sie sangen, was Zeug hält in fröhlicher Rund,
bis dass ein Bariton schließlich gab kund,

dass endlich es sollte was andres mal sein:
„Fällt, Brüder, euch denn nicht was Besseres ein,
als immer das Gleiche, „Hosianna" vielleicht,
das Gott, unserm Herrn, zur Ehre gereicht.

Gibt's nicht mal ein Lied, von Herzen so frei,
ein irdisches Lied, es ist einerlei,
das Schluss macht mit dem, was wir ständig geübt,
ein Lied, das es außer „Allejua" gibt?"

Der Petrus war sprachlos, das war Rebellion,
denn schließlich seit zweitausend Jahren schon,
seit er dirigiert den Himmlischen Chor
trug nie einer solch eine Änderung vor.

Es gab kein Zurück mehr bei diesem Protest.
Was sollte man singen zum Himmlischen Fest,
wie hieß so ein Lied, wer wusste davon,
was konnte man bringen vor'm Göttlichen Thron?

Da rief einer keck aus der Baritonstimm:
„Hör zu, lieber Petrus, ich find es nicht schlimm,
dass endlich einmal hier ein Lied nun erklingt,
das drunten in Mainz man bei uns sehr oft singt.

Mein Name ist Marquart, so wurd ich genannt,
im Goldenen Mainz auch als die Amsel bekannt,
ich wüsste auch einen, der wäre bereit,
zu proben das Lied für die festliche Zeit!"

Gesagt und getan, man stimmte ihm zu.
Die Amsel entflog und brachte im Nu
glückstrahlend voll Stolz zu der himmlischen Schar
auch einen, der einst einmal Hofsänger war.

„Ich bin Jakob Treichler", so stellt er sich vor,
„und leite statt Petrus, wenn ihr wollt, euren Chor,
doch passt mir schee uff, und lernt euren Text;
mich hat uff de Erd noch kään Sänger genext!"

Sie probten und übten im festlichen Saal.
Ein herrlicher Chor, vieltausend an Zahl,
es wogte und schallte die Himmel entlang
ein wunderbar Lied, ein fröhlicher Sang.

Und dann in der Christnacht vorm goldenen Thron
erfreut es den Vater, den göttlichen Sohn.
„Wie heißt der Choral?", so stellt er die Frag.
Verschmitzt sagte Jakob: „Er heißt ,So ein Tag'!"

Bestürzung kam auf und Schrecken im Raum,
was wagte der Schelm, man glaubte es kaum,
die Erzengel blass, die Cherubin stumm,
da drehte der Herrgott zu Jakob sich um:

„Du bist, wie auf Erden, ein schalkhafter Wicht.
Mir hat es gefallen, drum fürchte dich nicht!"
So sagte der Schöpfer des Weltalls, des Seins.
„Ich segne dich, Jakob, ich segne dein Mainz!"

Die drehbare Tortenplatte

Meine Mutter war bekannt für ihren Frankfurter Kranz, der ihr immer gut gelang. Er sollte auch aufgetischt werden, als uns Freunde meiner Eltern wieder einmal in den Tagen nach Weihnachten besuchten. Ursprünglich aus Weisenau stammend, hatten sie sich in Leipzig niedergelassen, wo sie eine Pelzfärberei betrieben. Ihr Meenzer Dialekt war einem näselnden Sächsisch gewichen, was ich als Bub von 13 Jahren sehr interessant fand.

„Geh bitte in de Keller und hol de Kranz aus de Wäschküch, aber pass uff, dass de ihn nit falle lässt", bat mich meine Mutter.

Kühlschränke, wie wir sie heute kennen, gab es damals noch nicht, höchstens Eisschränke, die wöchentlich mit Stangeneis gefüllt werden mussten. Aber solchen Luxus konnten wir uns nicht leisten. Die Waschküche war bei uns besonders in den Sommermonaten der Aufbewahrungsort für Lebensmittel, denn dort war es stets kühl und immer blitzsauber. Ich ging runter und holte den Kranz, der auf einer drehbaren Tortenplatte lag. Seit kurzem erst in unserem Haushalt, faszinierte sie mich besonders, denn bei geringstem Anschubsen drehte sie sich auf ihrem Kugellager wie ein Jahrmarktskarussell.

Als ich nach oben in den Flur kam, begegnete mir Edith, die Tochter unserer Gäste. Ihr wollte ich imponieren und stolz die Tortenplatte vorführen.

Also nahm ich die Platte in die linke Hand, ergriff einen der vier weißen Knopfe, die den verchromten Rand zierten, und mit Schwung setzte ich das Karussell in Bewegung. In Physik war ich nie ein guter Schüler, und so unterschätzte ich die Zentrifugalkräfte, die oft unberechenbar sind. Die Tortenplatte begann sich wie wild zu drehen. Der Kuchen schleuderte durch die Luft, landete auf dem gebohnerten Linoleumboden im Flur, rutschte wie beim Eisstockschießen eine Weile darüber hinweg und blieb als unförmige Masse vor der Wohnzimmertür liegen.

Vor Schreck ließ ich die Tortenplatte fallen und die Glasplatte zerbarst in tausend Stücke. Ich stand da wie ein begossener Pudel, das hämische Lachen von Edith traf mich zutiefst.

Durch den Lärm aufgeschreckt, versuchte meine Mutter die Zimmertür zu öffnen. Doch es gelang ihr nur teilweise. Kuchen und Glassplitter klemmten unter der Tür, und nur mit Mühe konnte sie sie öffnen. Sie sah die Bescherung und rief meinen Vater:

„Jakob, geh schnell in die Küch, hol Wasser un Seif, bevor des alles aatruckend. Der Bub hat immer nur Blödsinn im Kopp. Vor korzem hat der fast die Küch aagesteckt, als er mit Schießpulver unsern Küchetisch verbrennt hat. Betracht der die Bescherung! Aus dem werd bestimmt emal nix!"

Unser Besuch kam ebenfalls hinzu. Alle betrachteten sich das Chaos, halb bestürzt, halb amüsiert. Edith lachte noch immer, was mich dazu veranlasste, sie eine blöde Kuh zu nennen.

Onkel Wilhelm tröstete meine Mutter mit seinem sächsischem Humor: „Nu Gudsde, vom Bode gönne mer den scheene Guche nit esse, wääche der Glassplitter, die gann mer so schlecht gaue!"

Man ging daran, die kläglichen Kuchenreste zu beseitigen, was jedoch schwierig war, weil der Frankfurter Kranz und die Glassplitter eine untrennbare Verbindung eingegangen waren. Die Tapete hatte im wahrsten Sinn des Wortes auch ihr Fett abbekommen.

„Die schee Tapet, voller Fettflecke", jammerte meine Mutter, „vor korzem erst nei tapeziert, grad fer die Katz, guckt eich die Sauerei aa!"

Ein Schrubber wurde eingesetzt, ein Eimer mit Seifenbrühe gefüllt, während ich, von schlechtem Gewissen geplagt, mich bei der Reinigungsaktion beteiligen wollte.

„Hör du nur uff", sagte mein Vater. „mach dich in dei Stubb! Ich will dich heit nit mehr sehe, später redde mer weiter!"

Ich verzog mich in mein Zimmer, mit dem sicheren Gefühl, dass mir das Jüngste Gericht noch bevorstand, das prompt am nächsten Tag kam. Die Prügel, die bei uns meist zeitversetzt kamen, hätte ich noch ertragen. Aber dass mir ausgerechnet meine fünfjährige Schwester, wie immer, als leuchtendes Beispiel vorgehalten wurde, traf mich besonders. Was versteht so e klää Kindche von ner drehbar Torteplatt?

„Mariannche, du dät'st so was nie mache, gell mei Kind," hörte ich meine Mutter jammern , „werd nur nit emal so wie dein Bruder, der macht uns nur Sorche!"

Die Kaffeestunde wurde dann, wie ich aus meinem Zimmer vernahm, mit den restlichen Weihnachtsplätzchen fortgesetzt, viel war nicht mehr übrig. Edith und ihre Eltern reisten ab.

„Onkel" Wilhelm rief noch beim Abschied: „Minche, wenn mer im nächste Jahr gomme, dann bringe mer vorsichtshalber unsern eichene Guche mit."

Doch dazu kam es nicht: Der Krieg war ausgebrochen.

Der doppelte Christbaum

Das Aussuchen eines schön gewachsenen Baumes ist in den meisten Fällen die Aufgabe des Hausherrn.

Also machte ich mich auf den Weg an's Rheinufer, wo Weihnachtsbäume angeboten werden.

Es war schon dunkel, als ich einen Baum aussuchte der – so dachte ich – in den Augen meiner Frau Gnade finden würde.

Doch weit gefehlt.

„Was hast'en da für en Krüppel gekauft, owwerum kaum Äst, unnerum schief", war die Begrüßung.

Der Baum wurde kurzerhand als völlig untauglich eingestuft, ich hatte es geahnt.

Am nächsten Tag kam freudestrahlend meine Frau mit einem zugegeben weitaus schöneren, schnurgrad gewachsenen Exemplar an, eine Augenweide.

„Des is doch en Baum, nit was du angeschleppt hast", waren ihre Worte .

Doch wohin mit dem Krüppel? Kurzerhand schnappte ich den Baum und schleppte ihn zur Wohnung meines Freundes Karl, stellte ihn bei Dunkelheit vor seine Haustür, so dass er ihm beim Öffnen entgegenfallen musste.

Der Neujahrsumzug kam, und Karl wurde von allen Komiteetern begrüßt: „Ei, Karl, bist de zu de schlagende Verbindungen gegange, dei Gesicht is ja völlig zerkratzt!"

„Ei, ich hab die Tür uffgemacht, und schon fiel mir en Christbaum entgege. Wenn ich den Biddel erwisch, hat er nix zu lache!"

Später gab ich mich als Übeltäter zu erkennen, doch

Karl mit seiner Bierruhe sagte nur: „Dass du des warst, hätt ich mir denke könne!"

Er verzieh mir und wir tranken auf unsere Freundschaft, die keinen Schaden genommen hatte, einen guten Tropfen.

Zum guten Schluss

Die Weihnachtszeit, die wunderbare,
endet dann in jedem Jahre,
wenn, was jeder von uns kennt,
das alte langsam geht zu End.

Am Kalender kann man sehen,
wie die letzten Tage gehen,
und vom Christbaum, reich geschmückt,
ist man kaum noch mehr entzückt.

Weihnachtslieder, viel gesungen
von den Alten, von den Jungen,
sind verstummt in dieser Zeit –
Neujahr ist ja nicht mehr weit.

Was wird kommen? Viele fragen
in des Jahres letzten Tagen,
die man nutzt um nachzudenken.
Viele ihre Schritte lenken

dorthin, wo sie Einkehr halten
betend ihre Hände falten,
Kerzen zünden mit der Bitt:
Bleibe, Herr, in unsrer Mitt.

Man erkennt, dass unser Leben,
unser Schaffen, unser Streben
Tag für Tag, rund um die Uhr,
hängt am seidnen Faden nur.

Rudi Henkel wurde 1925 in Mainz-Weisenau geboren; er besuchte das Humanistische Gymnasium in Mainz und machte 1943 Abitur. Nach dem Wehrdienst bei der Fallschirmtruppe und Kriegsgefangensschaft begann er 1947 mit dem Studium der Zahnmedizun in Mainz und eröffnete 1952 eine eigene Praxis in Weisenau.

Seit 1950 ist er Mitglied des Mainzer Carneval Vereins (MCV), war 1981-1991 dessen Präsident und ist jetzt der Ehrenpräsident.

Geschrieben und gezeichnet – erste Arbeiten waren Karikaturen für die Allgemeine Zeitung Mainz noch während des Studiums – hat er schon immer gerne.

Trost ist nur, dass schließlich alle
sitzen in der gleichen Falle,
wobei es schließlich völlig gleich,
ob man arm ist oder reich.

Drum mögt Ihr mit heit'ren Sinnen,
mit Freud das Neue Jahr beginnen.
Bedenkt, was längst bewiesen ist:
Viel besser lebt der Optimist.